Alice und Rolf Schurr

Basteln mit Filz

Bunt und kinderleicht

Augustus

Inhalt

Filz ist wieder »in«

Hallo, liebe Kinder,

habt ihr auch schon mit Filz gebastelt? Angenommen ja. Dann wisst ihr, dass Filz ein tolles Material ist, mit dem man viel anfangen kann.

Es ist weich und leicht zu verarbeiten. Es hat keinen Fadenlauf und franst nicht aus. Dafür hat es zwei »Schokoladenseiten«, d.h. Vorder- und Rückseite sind gleich, und auch das kleinste Stückchen kann beim Basteln noch verwendet werden. Und dann die vielen Farben, die euer Bastelladen für euch bereit hält!

Ihr dürft messen, schneiden, bemalen, kleben, nähen, besticken, überziehen, ausstopfen – welches andere Material kann da noch mithalten?

Das gibt einen lustigen Mix aus Einfüllen von Watte oder Reis, Verzieren mit Perlen und Pailletten, Kombinieren mit Stoffresten, Bändern, Knöpfen, Federn, usw.

Kein Wunder also, dass ihr für euch selbst oder eure Freunde so interessante Sachen herbeizaubern könnt – wenn nötig, mit Hilfe eurer Muttis, Omas oder Tanten – z. B. eine Zirkusnummer mit Clowns, Dekorationen für eure Parties, Märchenfiguren als Fingerpuppen, ein Mobile für Halloween, eine Spieluhr, Rabe und Glitzerfisch, Raupe, Hampelmann und lustige Typen.

Womit wollt ihr beginnen?

Viel Spaß dabei, wünschen euch

eure Schurrs

Tipps und Tricks

Material

Zum Basteln mit Filz brauchst du als erstes natürlich Filz in allen möglichen Farben. Such dir einfach die Farben aus, die dir gefallen. Filz gibt es als kleine Quadrate zu kaufen, aber auch als Meterware von der Rolle, wenn man von einer Farbe mal mehr braucht. Manchmal haben wir auch ein paar Stoffreste dazu genommen.

Zuschneiden kannst du Filz und Stoff am besten mit einer Stoffschere; für Papier solltest du besser noch eine andere (eben Papier-) Schere haben. Dazu brauchst du hin und wieder ein Bastelmesser und einen Locher.

Filz kann man ganz einfach kleben mit Weißleim (z. B. Ponal), aber auch nähen. Zum Nähen brauchst du eine spitze Nadel und einen Faden in passender Farbe. Manche Dinge (wie z. B. der Wandbehang »Clownsnummer« auf Seite 17) lassen sich am einfachsten mit der Nähmaschine steppen, aber natürlich kann man alles auch mit der Hand nähen. Zum Vorzeichnen der Nähte gibt es praktisches Zubehör, z. B. einen Phantomstift, dessen Striche später wieder verschwinden. Wenn du noch nicht so gut nähen kannst, sollte dir dabei vielleicht jemand helfen.

Für Köpfe und Hände und Fühler und Nasen und alles mögliche andere brauchst du Watte- oder Holzkugeln in verschiedenen Dicken. Zum Befestigen der Arme nimmst du am besten Chenilledraht, denn der ist biegsam und trotzdem schön weich. Auch Kordel und Bänder zum Aufhängen und Verzieren sind nötig.

Das war's eigentlich schon. Richtig bunt und lustig werden die Filzfiguren aber erst durch verschiedene Kleinigkeiten, die es alle im Bastelhandel zu kaufen gibt: Pompons, Federn, Wackelaugen, Perlen und vieles mehr.

Zuschneiden

Die Zeichnungen auf dem Vorlagenbogen zeigen die Figuren in echter Größe. Eine eventuell erforderliche Nahtzugabe (= gestrichelte Linie) ist bereits eingeschlossen. Das bedeutet, dass du einfach ein Stück Transparentpapier auf die Zeichnung legen und den Linien mit einem Bleistift nachfahren kannst. Schneide das Muster mit der Schere aus und befestige es mit Stecknadeln flach auf dem Filz. Dann schneidest du entlang der Ränder des Papiers den Filz zu.

Gegen das Ausfransen streichst du alle Stoffkanten, die nicht gesäumt oder umgeschlagen werden, mit Weißleim ein und lässt den Leim vor dem Weiterarbeiten gut trocknen.
Kleine Filzteile lassen sich präziser zuschneiden, wenn du die ganze Unterseite vom Filz zuvor dünn mit Weißleim bestreichst und antrocknen lässt.
Beim Ausstanzen mit dem Locher legst du zusätzlich ein Stückchen Karton unter.

Wird Filz zweilagig verwendet, dann schneide die Form zunächst einmal aus, klebe sie auf ein genügend großes Stück vom gleichen Material und schneide die Konturen nochmal aus.

Ausstopfen

Zum Ausstopfen der Figuren zerteilst du die Watte in kleine Portionen. Dadurch erreichst du eine gleichmäßige Verteilung des Füllmaterials.

Bemalen von Wattekugeln

Müssen Wattekugeln bemalt werden, dann spießt du sie auf einen Zahnstocher oder etwas ähnliches auf. Lass sie anschließend gut trocknen.

Halbieren von Holzperlen

Für Augen und Nasen deiner Figuren brauchst du halbierte Holzperlen. Das geht so: Lege eine ganze Holzperle mit dem Loch nach oben auf eine rutschfeste Unterlage.
Halte ein Küchenmesser mit Daumen und Zeigefinger beider Hände quer über die Lochmitte der Perle. Drücke das Messer gleichmäßig senkrecht nach unten und halbiere damit die Perle.

Kleben

Damit der Weißleim nicht durch den Filz dringt und unschöne Flecken verursacht, muss er dünn aufgetragen werden und sollte vor dem Anpressen leicht angetrocknet sein. Mit einem Zahnstocher bringst du den Kleber auch an kritische Stellen.
Kleine Filzteile sind schwierig zu kleben. Am besten spießt du sie mit einer Stecknadel auf.
Wenn du eine Halbkugel mit Filz überziehst, beginnst du mit dem Festkleben in Kugelmitte, arbeitest dich allmählich nach außen und ziehst dabei den Filz ständig straff, damit du Falten weitgehend vermeidest. Den überstehenden Filz schneidest du bündig mit der Kugelkante weg.

Isidor, der graue Gnom

(Vorlagenbogen Seite A)

Das brauchst du

- ☺ gelber, grüner, hell- und dunkelgrauer, pinkfarbener, lilafarbener und schwarzer Filz
- ☺ cremefarbene Anorakkordel
- ☺ 2 Wackelaugen, 1,5 cm Ø
- ☺ 2 gelbe Flaumfedern
- ☺ 1 roter Wollpompon, 2,5 cm Ø
- ☺ 1 Wattekugel, 4 cm Ø
- ☺ Nähfaden
- ☺ Füllwatte
- ☺ Weißleim
- ☺ Bastelmesser

So wird's gemacht

Schneide die vier Teile für den Körper nach der Vorlage zu. Nähe jeweils zwei Teile an der Seitennaht zusammen, fasse dabei an den bezeichneten Stellen die Kordelzuschnitte mit, die für die Arme je 4 cm, für die Beine je 5 cm betragen. Nähe dann die beiden Hälften in der Mitte zur »Kugel« zusammen. Lass an der Mittelnaht etwa 5 cm zum Wenden offen. Dreh das Ganze auf die rechte Seite und drücke die Nähte gut aus. Fülle Watte prall ein und schließe das offene Stück mit überwendlichen Stichen.

Schneide die Hände und die Füße jeweils viermal, die Abdeckscheibe für die Füße zweimal zu. Nähe jeweils die beiden Teile der Hände zusammen, aber lass wieder ein Stückchen der Naht (an der Handwurzel) offen. Wende das Ganze und fülle Watte ein. Schieb die Kordelenden in die Hände, befestige sie dort mit wenig Kleber und schließe die offenen Stellen mit einigen Stichen.
Für die Füße machst du an zwei Ovalen in der Mitte den eingezeichneten Einschnitt. Nähe jeweils ein eingeschnittenes und ein nicht eingeschnittenes Oval zum Fuß zusammen, wende das Ganze (diesmal kannst du den Einschnitt als Wendeöffnung verwenden) und fülle Watte ein. Fädle die Kordeln durch die Löcher in den Abdeckscheiben, schiebe die Kordelenden in die Füße und befestige sie. Bestreiche Schlitze und Umgebung dünn mit Kleber und drücke die Abdeckscheiben an.

Schneide das Gesicht zu und klebe es über der Einfüllnaht an; klebe auch Mund, Nase und Augen samt Brauen ein.
Schneide für den Hut eine Scheibe aus pinkfarbenem Filz, 9 cm Ø. Teile die Wattekugel in der Mitte. Streiche deren gewölbten Teil mit Kleber ein, drücke die Filzscheibe mittig darauf und ziehe den Filz nach allen Seiten gleichmäßig straff. An der Schnittseite der Kugel drückst du mit dem Daumennagel eine Vertiefung ein und befestigst das Hütchen zusammen mit den Federn auf dem Körper.

Dragomir, der orangerote Gnom

(Vorlagenbogen Seite A)

Das brauchst du

- ☺ hellgelber, gelber, orangeroter und roter Filz
- ☺ orangerote Anorakkordel
- ☺ 1 pinkfarbene Flaumfeder
- ☺ 1 karierte Schleife
- ☺ 1 schwarzer Zylinderhut, 4 cm Ø
- ☺ 2 Wattekugeln, 2,5 cm Ø
- ☺ 2 Wackelaugen, 2 cm Ø
- ☺ Nähfaden
- ☺ Füllwatte
- ☺ Weißleim

So wird's gemacht

Körper und Hände nähst du genauso wie beim grauen Gnom Isidor.

Klebe als Füße die Wattekugeln an den Kordelenden fest. Reihe zwei Filzkreise, 9 cm Ø, mit doppeltem Faden ein, schiebe sie über die Wattekugeln, ziehe den Faden fest an und verknote ihn.

Bring das Gesicht über der Einfüllnaht an und klebe Mund, Nase und Augen auf. Der Zylinder sitzt über der Feder auf dem Kopf und die Schleife schmückt den »Hals«.

Fridolin, der grüne Gnom

(Vorlagenbogen Seite A)

Das brauchst du

- ☺ hautfarbener, gelber, hell- und dunkelgrüner, hellbrauner und roter Filz
- ☺ dunkelgrüne Anorakkordel
- ☺ 2 Wattekugeln, 2 cm Ø
- ☺ 1 Wattekugel, 1,2 cm Ø
- ☺ 2 Wackelaugen, 1,5 cm Ø
- ☺ 2 blaue Flaumfedern
- ☺ Nähfaden
- ☺ dünner Karton
- ☺ rote Bastelfarbe
- ☺ Weißleim
- ☺ Bürolocher

So wird's gemacht

Den Körper nähst du genauso wie beim grauen Gnom Isidor. Die Kordelzuschnitte für die Arme betragen 8 cm. Klebe als Hände die beiden großen Wattekugeln an den Kordelenden fest. Reihe mit doppeltem Faden zwei Filzkreise, 8 cm Ø, ein, schiebe sie über die Wattekugeln, ziehe den Faden fest an und verknote ihn. Schneide die Füße viermal zu und klebe je zwei an der Linie zusammen. Nur die oberen Teile haben jeweils einen Einschnitt, dort füllst du Watte ein. Fädle die Kordeln durch die Löcher in den Abdeckscheiben, schiebe die Kordelenden in die Füße und befestige sie. Bestreiche Schlitze und Umgebung dünn mit Kleber und drücke die Abdeckscheiben an. Klebe Nägel aus braunem Filz auf die Zehen.

Schneide von der kleinen Wattekugel zwei Drittel als Nase ab und bemale sie mit roter Farbe. Bringe das Gesicht über der Einfüllnaht an, und klebe Mund, Nase und Augen ein.

Das Hütchen schneidest du einmal aus Karton zu und überziehst ihn dann mit Filz, klebst die Schnittstellen übereinander und schmückst ihn mit Punkten aus dem Locher.

Glückspilze

(Vorlagenbogen Seite A)

Das brauchst du

- ☺ weißer und roter Filz
- ☺ 2 Wackelaugen, 5 mm Ø
- ☺ 2 Wackelaugen mit blauen Lidern, 1 cm Ø
- ☺ 1 halbe, rote Holzperle, 6 mm Ø
- ☺ 1 halbe, rote Holzperle, 8 mm Ø
- ☺ weißer Fotokarton
- ☺ je 65 cm gelbes und grünes Satinband, 4 mm breit
- ☺ dünner schwarzer Filzstift
- ☺ Holzspieß
- ☺ Weißleim
- ☺ Lochzange
- ☺ Bürolocher

So wird's gemacht

Schneide den großen Pilz nach der Vorlage einmal ganz aus Karton und die einzelnen Teile nochmal aus Filz. Beklebe den Fuß bis zur gestrichelten Linie mit weißem Filz. Klebe den roten Hut darüber. Stanze Punkte mit dem Bürolocher aus Filz und bringe sie zusammen mit der Nase (1 halbe Holzperle, 8 mm Ø) und den Augen auf dem Hut an. Zeichne den Mund ein.
Stelle den kleinen Pilz ebenso her. Seine Punkte sind mit der Lochzange aus dem roten Hut gestanzt, so sieht man das Weiß darunter. Die Bänder knotest du zu Schleifen, die du am Holzspieß festklebst. Den kleinen Pilz klebst du an den großen. Der Holzspieß wird hinten am großen Pilz befestigt.

Sonnenblume

(Vorlagenbogen Seite A)

Das brauchst du

- ☺ mittelgelber, roter, hellbrauner und schwarzer Filz
- ☺ rostrote Flauschwolle
- ☺ Karoband
- ☺ Holzspieß
- ☺ Weißleim
- ☺ Bürolocher

So wird's gemacht

Schneide die Blütenform nach der Vorlage zweimal aus gelbem Filz. Klebe die beiden Teile so aufeinander, dass die Zacken versetzt sind. Schneide aus braunem Filz eine Scheibe mit 5,5 cm Ø und klebe sie mittig an. Ein Büschel Wolle als Haare, Augen, Nase (ausgestanzt mit dem Bürolocher) und Mund werden ebenfalls angeklebt.

Schmücke die Sonne mit einer kleinen, karierten Schleife und befestige die Blume am Holzspieß.

Befestigung der Holzspieße

Den Spieß am stumpfen Ende 2 cm breit auf einer Seite flach schneiden. Eine runde Filzscheibe in passender Farbe und Größe ausschneiden und zusammen mit dem abgeflachten Holzspieß hinten am Modell festkleben.

Libelle (Vorlagenbogen Seite A)

Das brauchst du

- ☺ pinkfarbener und grüner Filz
- ☺ Wattekugel, 2,5 cm Ø
- ☺ grüner Chenilledraht
- ☺ 2 blaue Holzperlen, 6 mm Ø
- ☺ blaue transparente Rocailles (Perlen)
- ☺ Bastelfarbe, weiß und Hautton
- ☺ Nähfaden
- ☺ roter und schwarzer Filzstift
- ☺ Holzspieß
- ☺ Weißleim

So wird's gemacht

Biege 14 cm Chenilledraht zu einem »V« und drücke es fest zusammen. Umwickle den Strang dicht mit noch mehr Chenilledraht. Reihe die Rocailles auf einen langen Faden und klebe den Perlstrang in dichten Wicklungen um die Chenilleform. Dies ist der Körper, an dem du die bemalte Wattekugel als Kopf befestigst. Für die Fühler schneidest du zwei gleich lange Stücke Chenilledraht, von denen du die Samthaare entfernt hast. Zeichne das Gesicht auf.
Klebe die Fühler in den Kopf und befestige an deren Enden die Holzperlen. Die Flügel, aus zwei Lagen Filz nach Vorlage zugeschnitten und zusammengeklebt, bringst du am Körper an, ebenso eine kleine pinkfarbene Schleife. Befestige die Libelle auf dem Holzspieß.

Drachen

(Vorlagenbogen Seite A, Abbildung Seite 13)

Das brauchst du

- weißer, hell- und mittelgelber, orangeroter, grüner und lila Filz
- gelbes Baumwollgarn
- 1 rote Flaumfeder
- orangeroter Fotokarton
- 1 schwarze Holzperle, 1 cm Ø
- schwarzer, dünner Filzstift
- Holzspieß
- Weißleim

So wird's gemacht

Schneide nach der Vorlage den orangeroten Filz zu und verstärke ihn auf der Rückseite mit Karton. Dabei fasst du an den zwei Seitenecken zwischen Filz und Karton ein Stück Baumwollgarn mit, das 1 cm übersteht, an der unteren Spitze ein 9 cm langes Garnstück. Nach einem 10-Pfennig-Stück schneidest du weisse Augenkreise zu und betonst sie mit einem schwarzen Filzstift-Rand. Klebe Augen, Nase und Mund auf. In das Augenweiß setzt du je eine halbierte Holzperle. Zeichne Augenbrauen auf und befestige die Feder an der Spitze. Schneide jede der Schleifen zweimal aus und lege beim Zusammenkleben das Baumwollgarn dazwischen. Befestige den Drachen auf dem Holzspieß.

Kleeblatt

(Vorlagenbogen Seite A)

Das brauchst du

- Filz in verschiedenen Grüntönen
- 1 Marienkäfer aus Holz
- 65 cm rotes Satinband, 4 mm breit
- 1 fertiges Schleifchen aus lila Satinband, 4 mm breit
- grüner Fotokarton
- schwarzer dünner Filzstift
- Holzspieß
- Weißleim

So wird's gemacht

Schneide nach der Vorlage zwei verschieden große, hellgrüne Kleeblätter und drei dunkelgrüne Herzen zu. Verstärke das große Blatt auf der Rückseite mit Karton. Klebe das kleinere Blatt darauf und die drei Herzchen zur Mitte hin ein. Den Marienkäfer, mit dem lila Schleifchen geschmückt, setzt du in die Lücke und zeichnest mit Filzstift die Umrisse und Linien ein. Bringe eine rote Schleife aus Satinband und den Holzspieß an.

Zirkuszelt

(Vorlagenbogen Seite A, Abbildung Seite 17)

Das brauchst du

- ☺ gelber, hellgrauer, orangefarbener, roter, weinroter, flieder- und lilafarbener Filz
- ☺ lilafarbener Nickistoff
- ☺ brauner Moosgummi
- ☺ Goldlitze
- ☺ Goldkordel
- ☺ 1 Strassstein
- ☺ 2 runde Spiegelchen, 2 cm Ø
- ☺ hellgrauer, lilafarbener und roter Nähfaden
- ☺ 2 Rundholzstäbe (Laternenstäbe), 39 cm lang
- ☺ ovale Spanschachtel, 4 x 5,5 cm
- ☺ Zündholzschachtel
- ☺ Vlieseline H 250
- ☺ Lineal
- ☺ Weißleim
- ☺ Phantomstift
- ☺ Bürolocher

So wird's gemacht

Bühnenhintergrund

Vergrößere die Vorlage für das Zelt auf dem Kopierer oder zeichne dir eine Vorlage nach den Zentimeterangaben auf Papier nach. Nach dieser Vorlage in Originalgröße zeichnest du die Umrisse des Zelts mit Phantomstift auf den hellgrauen Filz und schneidest die Form aus. Schneide sie noch einmal aus rotem Filz aus, gib aber an der unteren Kante 2,5 cm zu und bügle an beiden Seitenkanten einen Vlieselinestreifen, 5 x 35 cm, auf. Lege beide Zuschnitte aufeinander, schlage die Zugabe in Rot über die graue Platte nach vorn und nähe oder steppe sie über die ganze Zeltbreite fest. An den Enden bleibt der Streifen aber offen. Steppe zuerst, 26 cm (= Stepplinie 1) von der unteren Kante entfernt, und dann ein zweites Mal nach weiteren 2,5 cm (= Stepplinie 2) beide Filzplatten zusammen.

Vorhang

Schneide aus Nickistoff zwei Quadrate mit einer Seitenlänge von 27 cm. Säume an jedem dieser Quadrate zwei aneinander stossende Seiten ein (Strichrichtung des Stoffes beachten!). Bestimme eines der Stoffstücke zur rechten Vorhanghälfte und bringe sie durch Einlegen von drei Falten auf eine Breite von 8 cm. Beachte dabei, dass die beiden gesäumten Kanten links und unten sind. Fixiere die Falten vorläufig mit Stecknadeln. Klebe die rechte Seitenkante, 2 cm breit, auf die rechte Außenkante des hellgrauen Hintergrunds und die ungesäumte Oberkante des Vorhangs auf die Stepplinie 1. Mit einem Streifen roten Filz, 3 x 10 cm, raffst du, 5 cm von der Unterkante entfernt, die Gardine zusammen.
Verfahre mit der linken Vorhanghälfte entsprechend. Schiebe in den Tunnel zwischen Stepplinie 1 und 2 sowie an der roten Unterkante je einen Rundholzstab ein.

Zeltdach

Übertrage die Umrisse des ganzen Zeltdachs von der Vorlage auf den fliederfarbenen Filz und die Umrisse der Schabracke auf den wein-

roten Filz. Dabei musst du die halbe Schablone vom Vorlagenbogen jeweils zweimal anlegen, einmal davon spiegelverkehrt. Schneide beide Formen aus und klebe sie zusammen. Bringe auch die Verzierungen an der Zeltdachspitze und der Schabracke an.
Die Vorlage für die gelben Scheiben ist ein 1-Pfennig-Stück, die übrigen Vorlagen findest du auf dem Bogen. Klebe Zeltdach und Hintergrund an den oberen Rändern zusammen und bringe an der Spitze einen geeigneten Aufhänger an. Verziere den Bühnenhintergrund mit zwei runden Spiegeln, die du jeweils auf eine Filzscheibe aufklebst.

Leiter

Schneide die Leiter nach den Vorlagen aus Moosgummi zu und schließe sie oben mit dem Trittbrett ab.

Treppchen

Fülle eine leere Zündholzschachtel mit beliebigem Material, z. B. Papier, und beziehe fünf Seiten mit weinrotem Filz. Verziere sie mit Goldlitze und Strassstein.

Podest

Nimm den Deckel der Spanschachtel und beziehe ihn mit fliederfarbenem Filz. Verziere die Schachtel mit Goldkordel und gelben, mit dem Locher ausgestanzten Filzplättchen

Die Clownsfiguren

Wie du die Clowns herstellst, zeigen wir dir in drei Abbildungen, bei denen zur besseren Übersicht verschieden farbiges Material verwendet wurde.

Figur 1

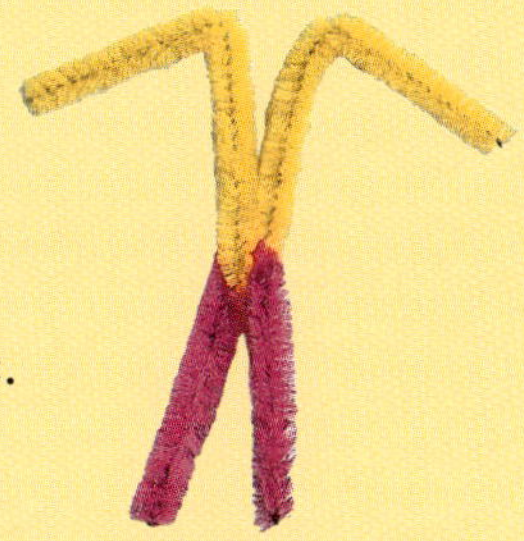

Biege ein 8 cm langes Stück Chenilledraht (pink) und ein 16 cm langes Stück (gelb) jeweils zu einem »V«. Die Enden vom längeren Stück biegst du, wie abgebildet, zu Armen mit einer Länge von 4 cm. Verhake beide Stücke ineinander.

Figur 2

Nimm ein 18 cm langes Stück Chenilledraht (violett) und lege es um Figur 1. Das heißt, lege ein Drahtende hinter der Figur senkrecht nach oben, wobei die »Schultern« um 1,5 cm überragt werden. Führe dann den Draht zwischen den Beinen nach vorn und umwickle den Körper mit 5 Windungen.

Figur 3

Die violetten Enden schneidest du auf gleiche Länge und klebst sie in den Kopf, eine Wattekugel mit 2,5 cm Ø. Die Hände sind Wattekugeln mit 1,5 cm Ø, die Schuhe Wattekugeln mit 2,0 cm Ø, an einer Seite flach zurechtgeschnitten.

Auf dem Rücken, direkt unterhalb vom Kopf, klebst du einen Magnet an jeden Clown. Der Gegenmagnet kommt hinter den Bühnenhintergrund und ist frei beweglich. Die zwei Magnete halten die Figuren an jeder Stelle, sodass du beliebig mit ihnen spielen kannst.

Firlefanz, der gelbe Clown

(Vorlagenbogen Seite A)

Das brauchst du

- gelber, hellgrüner und schwarzer Filz
- roséfarbene Filzschleife
- rostrote Flauschwolle
- Chenilledraht
- 1 Wattekugel, 2,5 cm Ø
- 3 Wattekugeln, 2 cm Ø
- 2 Wattekugeln, 1,5 cm Ø
- 2 rote Holzperlen, 1 cm Ø
- 1 rote Holzperle, 4 mm Ø
- 1 schwarze Holzperle, 4 mm Ø
- 1 Holzstab (Schaschlikspießchen)
- Bastelfarben, Hautton, gelb und schwarz
- weißes Papier für den Mund
- dünner, roter und schwarzer Filzstift
- Nähfaden
- 2 runde Magnete, 1,5 cm Ø
- Weißleim
- Bastelmesser

So wird's gemacht

Schneide den Anzug zweimal nach der Vorlage zu, nähe Vorder- und Rückenteil zusammen, ausgenommen die Öffnungen für Hals, Arme und Beine, und wende das Ganze. Biege die Chenilledrahtzuschnitte zur Körperform (siehe unter »Die Clownsfiguren« auf Seite 16) und ziehe den Anzug über. Klebe den Schlitz im Rücken zu. Bemale die Wattekugeln, 2,5 cm und 1,5 cm Ø, hautfarben. Schneide mit dem Bastelmesser von zwei Wattekugeln, 2 cm Ø, je ein Drittel weg und bemale den Rest schwarz. Klebe auf die Schnittstellen entsprechend große Filzscheiben als Schuhsohlen. Stecke die Schuhe auf die Chenilledrahtenden, ebenso die Hände und den Kopf, und klebe alles fest.

Für den Knopf schneidest du einen Filzkreis in der Größe eines 2-Pfennig-Stücks und malst 4 Knopflöcher in Schwarz darauf. Schmücke den Anzug mit Knopf und Schleife. Für den Hut schneidest du von der übriggebliebenen Wattekugel (2 cm Ø) ein Drittel weg und bemalst den Rest mit gelber Farbe. Als Hutrand dient eine gelbe Filzscheibe von der Größe eines 5-Mark-Stücks. Die Flauschwolle schneidest du in 25 Fäden zu je 8 cm Länge, bindest den Strang mittig ab, bringst ihn auf dem Kopf an und setzt das Hütchen darauf.

Ein weißes Stückchen Papier ergibt den Mund, den du mit rotem Filzstift vervollständigst. Klebe darüber eine halbe, rote Holzperle, 4 mm Ø, als Nase und zwei halbe, schwarze Holzperlen als Augen. Bringe die Striche an den Augen an. Die zwei großen roten Holzperlen klebst du beidseitig an den 13 cm langen Holzstab. Der Clown braucht ihn zum Balancieren.

Schabernack, der grüne Clown und Larifari, der Musikclown

(Vorlagenbogen Seite A, Abbildung Seite 17)

Das brauchst du (für jeden Clown)

- Chenilledraht
- 1 Wattekugel, 2,5 cm Ø
- 2 Wattekugeln, 2,0 cm Ø
- 2 Wattekugeln, 1,5 cm Ø
- 1 schwarze Holzperle, 4 mm Ø
- Bastelfarben, Hautton und schwarz
- weißes Papier für den Mund
- dünner, roter und schwarzer Filzstift
- Nähgarn
- 2 runde Magnete, 1,5 cm Ø
- Weißleim
- Bastelmesser

(zusätzlich für Schabernack)

- grüner und schwarzer Filz
- 1 rote Holzperle, 4 mm Ø
- rotes Geschenkband, 1 cm breit
- weiße Schnur als Hüpfseil
- 2 fertige rote Wollpompons, 1 cm Ø
- schwarze Flauschwolle

(zusätzlich für Larifari)

- weißer, roter und schwarzer Filz
- 1 rote Holzperle, 6 mm Ø
- Schnürsenkel aus weiß-transparentem Organza, 4 cm breit
- 1 Plastikgitarre
- Pailletten in verschiedenen Farben
- Bürolocher

So wird's gemacht

Körper, Anzug und Gesicht machst du bei beiden Clowns genauso wie beim gelben Clown Firlefanz.

Schabernacks Anzug schmückst du mit roten Wollpompons. Gib dem Clown ein 16 cm langes »Hüpfseil« in die Hände. Aus der Flauschwolle schneidest du 25 Fäden zu je 8 cm Länge, bindest den Strang mittig ab, klebst ihn auf den Kopf und schneidest eine Wuschelfrisur zurecht. Vom Geschenkband schneidest du 15 cm, reihst es auf einer Seite ein und legst es als Krause um den Hals.

Bei **Larifaris** Anzug ziehst du in der Taille einen Reihfaden ein und klebst Pailletten auf die Hosenbeine. Schneide vom Schnürsenkel 25 cm ab und reihe ihn mittig ein. Falte den Streifen zur Hälfte und lege ihn dem Clown als Krause um den Hals. Das Gesicht bekommt noch zwei rote Bäckchen aus dem Locher. Schneide den Hut nach Vorlage aus weißem Filz und forme ihn zu einer spitzen »Tüte«. Klebe den Hut auf den Kopf und gib dem Clown die Gitarre in die Hand.

Serviettenspender »Brunnen mit Fröschen«

(Vorlagenbogen Seite A)

Das brauchst du

- weißer, gelber, orangeroter, roter, grüner und dunkelgrauer Filz
- 7 cm von einer Versandrolle aus Pappe, 8 cm Ø
- 2 Wattekugeln, 3 cm Ø
- 4 Wattekugeln, 1,5 cm Ø
- 4 Wattekugeln, 1 cm Ø
- 2 schwarze Holzperlen, 1 cm Ø
- grüner Chenilledraht
- grüne Bastelfarbe
- roter und schwarzer, dünner Filzstift
- Weißleim
- Lochzange

So wird's gemacht

Für den Brunnen beklebst du die Papprolle mit einem Stück dunkelgrauen Filz, 13 x 31 cm groß. Schlag dabei beidseitig etwa gleich große Zugaben über die Schnittkanten nach innen und klebe sie fest. Schneide einen zweiten Filzstreifen, 5 x 29 cm, zu und falte ihn der Länge nach doppelt. Klebe ihn bündig mit der Oberkante an den Brunnen. Zeichne das Steinmuster auf. Bemale alle Wattekugeln grün.

Schneide vom Chenilledraht 14 cm für den Körper ab und klebe eine Wattekugel, 3 cm Ø, als Kopf an. Zeichne Nasenlöcher und Maul ein. Befestige zwei Kugeln, 1,5 cm Ø, an beiden Enden eines 13 cm langen Chenilledrahts. Klebe dies als Arme fest, dicht unterm Kopf, mit einer Windung um den Körper. Von den Kugeln, 1 cm Ø, schneidest du je ein Drittel weg, den Rest bringst du, beidseitig vom Maul, als Bäckchen an. Für die Augen schneidest du den Steg zweimal nach Vorlage aus grünem Filz und klebst die beiden Teile bis auf die Klebelasche zusammen. Die Klebelasche biegst du auseinander und fixierst damit den Steg auf dem Kopf. Die Augen, halbierte Holzperlen auf weißen Filz-Halbkreisen, werden auf den Steg geklebt. Den zweiten Frosch machst du genauso.

Schneide die Krägen zweimal nach Vorlage aus grünem Filz und schmücke sie mit ausgestanzten Plättchen und Schleifen in verschiedenen Farben. Klebe die Frösche so fest, dass sie über den Brunnenrand gucken.

Die Tierfiguren

Jetzt lernst du sechs lustige Tiere kennen, die eine Überraschung für dich bereit halten. Der Körper besteht aus dem Inneren eines Überraschungseis und kann als Platz für kleine Geschenke dienen. Suche dir vor Bastelbeginn zwei Behälterteile aus, die sich mühelos zusammenschieben und auseinander nehmen lassen. Dabei ist es hilfreich, die geöffneten Teile an den Berührungsflächen leicht mit feucht

gemachter Seife einzureiben. Das Öffnen wird auch durch geringes Zusammendrücken erleichtert.

Für alle sechs Tiere gilt:

Umklebe beide Teile des Plastikbehälters mit je einem Filzstreifen, 2,5 x 11,5 cm, den du zuvor an einer Längsseite einreihst. Ziehe nach dem Ankleben die Reihfäden fest an und verknote sie. Das ist der Körper. Die Styroporkugel, 4 cm Ø, die du als Kopf verwendest, bemalst du mit Bastelfarbe. Die Vorderbeine bzw. Tatzen sind ebenfalls bemalte Wattekugeln, 2 cm Ø, die sich an den Enden eines 14 cm langen Stücks Chenilledraht befinden. Diesen Draht biegst du zur Schlinge, die du am Plastikbehälter befestigst (siehe Foto). Klebe hier auch den Kopf fest. Die Füße schneidest du jeweils nach Vorlage aus einer Lage Filz und einer Lage Karton, die du dann zusammenklebst.

Lola, die Maus

(Vorlagenbogen Seite A)

Das brauchst du

- hautfarbener, grauer und schwarzer Filz
- 1 Styroporkugel, 4 cm Ø
- 2 Wattekugeln, 2 cm Ø
- 1 Wattekugel, 1 cm Ø
- kleiner, teilbarer Plastikbehälter (Überraschungsei)
- schwarze Flaumfeder
- 12 cm roséfarbenes Satinband
- 9 cm roséfarbene Perlschnur
- weißer Chenilledraht
- kräftiger, weißer Faden
- graue und schwarze Bastelfarbe
- Karton
- Weißleim
- Bürolocher

So wird's gemacht

Kopf, Arme, Füße und Körper machst du, wie auf Seite 20/21 für alle sechs Tierfiguren der Menagerie beschrieben. Schneide nach Vorlage die Ohren aus grauem, das Ohreninnere aus hautfarbenem Filz. Klebe die beiden Teile bis auf die Klebelasche zusammen. Die Klebelasche biegst du auseinander und fixierst damit die Ohren auf dem Kopf. Für die Schnauze drehst du einen schmalen Filzstreifen zur Spirale und setzt auf die Spitze die kleine, schwarz bemalte Wattekugel. Zwischen Kopf und Schnauze klebst du als Fühlhaare ein Bündel weißer Fäden von 3 cm Länge, die du zuvor mit Leim steif gemacht hast. Zwei mit dem Locher ausgestanzte Filzplättchen sind die Augen. Eine Schleife auf dem Bauch, die Feder zwischen den Ohren und die Perlenkette um den Hals – so gefällt sich Lola.

Molle, der Elefant

(Vorlagenbogen Seite A, Abbildung Seite 21)

Das brauchst du

- weißer, grauer, grüner, roter und schwarzer Filz
- 1 Styroporkugel, 4 cm Ø
- 3 Wattekugeln, 2 cm Ø
- kleiner, teilbarer Plastikbehälter (Überraschungsei)
- 1 roter Wollpompon, 1 cm Ø
- weißer Chenilledraht
- rot-weiß-gepunktetes Geschenkband, 2,5 cm breit
- graue Bastelfarbe
- grauer Karton
- Weißleim
- Bürolocher

So wird's gemacht

Kopf, Arme, Füße und Körper machst du, wie auf Seite 20/21 für alle sechs Tierfiguren der Menagerie beschrieben. Schneide Rüssel und Ohren jeweils zweimal nach Vorlage. Der Rüssel wird mit einem 5 cm langen Stück Chenilledraht verstärkt, das zwischen die beiden Lagen Filz an den Kopf geklebt wird. Das kleine Dreieck (siehe Vorlage) wird unter dem Rüssel aufgeklebt, mit einem roten Filzplättchen darunter. Jeweils ein schwarzes und ein weißes Filzplättchen bilden die Augen. Die großen Ohren vervollständigen den Kopf. Klebe eine Doppelschleife aus Geschenkband am Hals fest. Das Hütchen besteht aus einer halben Wattekugel, 2 cm Ø, und einem Filzkreis, 6 cm Ø, darüber. Auf die Spitze wird der Wollpompon geklebt.

Pobbel, der Bär

(Vorlagenbogen Seite A)

Das brauchst du

- ☺ hautfarbener, hell- und mittelbrauner und schwarzer Filz
- ☺ 1 Styroporkugel, 4 cm Ø
- ☺ 2 Wattekugeln, 2 cm Ø
- ☺ kleiner, teilbarer Plastikbehälter (Überraschungsei)
- ☺ 30 cm Karoband, 1 cm breit
- ☺ rote Flaumfeder
- ☺ brauner Chenilledraht
- ☺ braune Bastelfarbe
- ☺ 2 kleine Knöpfe
- ☺ dünner, schwarzer Filzstift
- ☺ Karton
- ☺ Weißleim
- ☺ Bürolocher

So wird's gemacht

Pobbel ist schnell gezaubert, weil du nur Füße, Schnauze, Nase und Ohren nach Vorlage schneidest. Ansonsten geht alles, wie oben (Seite 20/21) beschrieben. Klebe die Schnauze mit Nase sowie die Augen (Filzplättchen aus dem Locher) am Kopf an. Das Maul zeichnest du mit Filzstift ein. Jedes Ohr besteht aus einem großen dunklen und einem kleinen hellen Teil. Klebe die beiden Teile bis auf die Klebelasche zusammen. Die Klebelasche biegst du auseinander und fixierst damit die Ohren auf dem Kopf. Verklebe Füße, Körper und Kopf miteinander. Schleife und Knöpfe gehören ebenfalls zu dem fröhlichen Wicht. Die Flaumfeder, zwischen die Ohren geklebt, macht ihn total happy.

Klopfer, der Hase

(Vorlagenbogen Seite A, Abbildung Seite 21)

Das brauchst du

- weißer, rosé-, pink- und fliederfarbener, grüner und schwarzer Filz
- 1 Styroporkugel, 4 cm Ø
- 2 Wattekugeln, 2 cm Ø
- 1 Wattekugel, 1 cm Ø
- kleiner, teilbarer Plastikbehälter (Überraschungsei)
- 15 cm weißer Chenilledraht
- 10 cm gelber Chenilledraht
- weiße Bastelfarbe
- Karton
- Weißleim und Bürolocher

So wird's gemacht

Kopf, Arme, Füße und Körper machst du, wie auf Seite 20/21 für alle sechs Tierfiguren der Menagerie beschrieben, beklebst aber die eine Hälfte des Plastikbehälters mit weißem, die andere mit grünem Filz. Befestige den weißen Chenilledraht als Arme und den bemalten Kopf am weißen Teil des Körpers. Die ebenfalls weiß bemalten Wattekugeln, 2 cm Ø, sind die Hände. Schneide nach Vorlage die Ohren aus weißem, das Ohreninnere aus roséfarbenem Filz. Klebe die beiden Teile bis auf die Klebelasche zusammen. Die Klebelasche biegst du auseinander und fixierst damit die Ohren auf dem Kopf. Klebe die Augen und das Maul (aus mit dem Locher ausgestanzten Filzplättchen) sowie die Bäckchen (aus einer kleinen, halbierten, bemalten Wattekugel) auf. Die Füße befestigst du am grünen Teil des Häschens. Hosenträger, hinten überkreuzt und vorne mit einem ausgestanzten »Knopf« versehen, gehören dazu, ebenso wie der gelbe Chenilledraht, der um den Hals gelegt wird.

Dotti, der Marienkäfer

(Vorlagenbogen Seite A, Abbildung Seite 21)

Das brauchst du

- roséfarbener, roter und schwarzer Filz
- 1 Styroporkugel, 4 cm Ø
- 2 Wattekugeln, 2 cm Ø
- 3 Wattekugeln, 1 cm Ø
- kleiner, teilbarer Plastikbehälter (Überraschungsei)
- roter Chenilledraht
- kleiner, schwarzer Zylinderhut
- schwarze Flaumfeder
- Bastelfarbe, Hautton, gelb und schwarz
- rot-weiß-gepunktetes Band, 2,5 cm breit
- dünner, roter und schwarzer Filzstift
- Zahnstocher
- schwarzer Karton
- Weißleim
- Bürolocher

So wird's gemacht

Kopf, Arme, Füße und Körper machst du, wie auf Seite 20/21 für alle sechs Tierfiguren der Menagerie beschrieben. Dotti bekommt Flügel, deren Form du zweimal nach Vorlage schneidest. Klebe die beiden Teile zusammen und mittig am Rücken fest. Die Nase fertigst du aus einer kleinen, halbierten, bemalten Wattekugel. Zwei ausgestanzte schwarze Filzplättchen als Augen und zwei roséfarbene Filzscheiben als Bäckchen gehören ebenso zum Gesicht, wie das mit dünnem, rotem Filzstift aufgezeichnete Maul und die schwarzen Brauen. Eine kleine Halskrause aus zur Hälfte gefaltetem Geschenkband wird um den Hals gelegt. Zusammen mit dem Zylinder klebst du eine Flaumfeder als Haare auf den Kopf. Zwei halbe Zahnstocher mit gelb bemalten, kleinen Wattekugeln stellen Fühler dar. Filzplättchen und -herz schmücken Körper und Flügel.

Klara, die Pinguinfrau

(Vorlagenbogen Seite A, Abbildung Seite 21)

Das brauchst du

☺ weißer, gelber, fliederfarbener, hell- und mittelblauer, grüner und schwarzer Filz
☺ 1 Styroporkugel, 4 cm Ø
☺ kleiner, teilbarer Plastikbehälter (Überraschungsei)
☺ schwarze Bastelfarbe
☺ gelber Karton
☺ Weißleim
☺ Bürolocher

So wird's gemacht

Kopf, Arme, Füße und Körper machst du, wie auf Seite 20/21 für alle sechs Tierfiguren der Menagerie beschrieben, beklebst aber die eine Hälfte des Behälters mit weißem, die andere mit schwarzem Filz. Befestige am weißen Teil die mit schwarzer Bastelfarbe bemalte Styroporkugel als Kopf. Den Schnabel schneidest du nach Vorlage zweimal aus Filz, klebst die beiden Teile aufeinander und befestigst sie mit der aufgebogenen Klebelasche am Kopf. Die Augen bestehen aus nach Vorlage geschnittener weißer »Iris« und schwarzen Filzplättchen als »Pupille«. Schneide die Flügel ebenfalls zweimal nach Vorlage, klebe sie zusammen und mittig am Rücken fest. Bringe zwei ausgestanzte gelbe Filzplättchen am Körper an.

Mütze

Schneide aus fliederfarbenem Filz einen Kreis von 9 cm Ø, den du an der Kante einreihst. Passe die Weite dem Kopfumfang an und verknote Fadenanfang und -ende miteinander. Klebe einen entsprechend langen, 2 cm breiten, grünen Filzstreifen so um die Kräuselkante, dass auf der Außenseite der Mütze 1 cm sichtbar ist. Den grünen Schild, den du aus zwei Lagen Filz herstellst, klebst du unter den Mützenrand. Ein blaues Filzstück, 2,5 x 8 cm, wird zur Schleife gelegt und vorn an der Mütze befestigt.

Hampelmann »Sonne«

(Vorlagenbogen Seite A)

Das brauchst du

- weißer, gelber, rosa- und orangeroter, roter, hell- und dunkelgrauer und schwarzer Filz
- 1 Styroporkugel, 12 cm Ø
- 1 Wattekugel, 1,5 cm Ø
- gelber, grauer und blauer Fotokarton
- roter Plakatkarton
- 1 rote Holzperle, 1,5 cm Ø
- 1 schwarze Holzperle, 1 cm Ø
- 1 orangerote Holzperle, 6 mm Ø
- 70 cm rotes Baumwollgarn
- 2 Musterklammern
- Weißleim
- Nagelfeile
- Bürolocher

So wird's gemacht

Schneide die Styroporkugel in zwei Hälften und beklebe eine Hälfte mit gelbem Filz. Wie das geht, steht unter »Tipps und Tricks« auf Seite 7. Schneide den Strahlenkranz nach der Vorlage zweimal aus Plakatkarton und einmal aus Filz und klebe alle drei Teile zusammen. Verbinde die beklebte, halbe Styroporkugel mit dem Strahlenkranz zur Sonne.

Die Arme schneidest du nach Vorlage aus jeweils zwei Lagen Fotokarton, klebst sie zusammen und beklebst eine Seite mit orangerotem Filz. Als Grundplatte verwendest du einen Kreis mit 13 cm Ø (siehe Vorlage) aus zwei Lagen zusammengeklebtem Plakatkarton. Steche an den in den Vorlagen angegebenen Stellen Löcher in die Grundplatte und in die Arme, und feile die Grate weg. Bringe die Arme mit Musterklammern an der Grundplatte an.

Die Fäden verknüpfst du folgendermaßen: Verbinde beide Arme durch eine Schlinge. Verknote einen etwa 20 cm langen Ziehfaden mit der Schlinge und bring am unteren Ende die Holzperlen an. Eine weitere Garnschlinge dient als Aufhänger.

Schneide die zwei großen Wolken zweifach aus Fotokarton und beklebe sie mit dunkelgrauem Filz. Die drei kleinen Wolken aus Fotokarton beklebst du mit hellgrauem Filz. Klebe die Wolken übereinander und hinter die Sonne. Bringe die Grundplatte hinter Sonne und Wolken an.

Klebe Stern und Mond (jeweils aus doppeltem Karton nach Vorlage zugeschnitten) an die Hände. Schneide die Wattekugel in zwei Hälften und überzieh eine mit rotem Filz. Setze sie als Nase ins Gesicht ein, ebenso den Mund (nach Vorlage) und Filzkreise für die Bäckchen. Für die Augen verwendest du halbierte Holzperlen, die du mit Halbkreisen aus weißem und schwarzem Filz unterlegst. Als Vorlagen dienen für die Halbkreise ein 10-Pfennig- und ein 2-Mark-Stück. Klebe zwei mit dem Locher ausgestanzte, schwarze Plättchen als Brauen an.

Spieluhr »Stern« (Vorlagenbogen Seite B)

Das brauchst du

- ☺ gelber, roséfarbener, orangeroter und schwarzer Filz
- ☺ mittelstarke, aufbügelbare Vlieseline (z. B. H 200)
- ☺ hellblauer Nickistoff
- ☺ 1 Wattekugel, 2,5 cm Ø
- ☺ 1 roter Wollpompon, 2,5 cm Ø
- ☺ 70 cm gelbe Kordel
- ☺ 1 blau-weiß karierte Schleife
- ☺ schwarze Flaumfeder
- ☺ Spieluhr (an der Ziehschnur angebrachte Perle entfernen)
- ☺ Füllwatte
- ☺ gelbes Nähgarn
- ☺ dicker, schwarzer Filzstift
- ☺ Weißleim
- ☺ Heißklebepistole
- ☺ Bürolocher

So wird's gemacht

Schneide Filz und Vlieseline zu einem Rechteck von 25 × 50 cm Seitenlänge und bügle sie aufeinander. Schneide die Sternform nach Vorlage zweimal aus diesem verstärkten Filz zu. Nähe beide Sternteile, Filzseite nach innen, zusammen. Spare dabei in der Mitte zwischen zwei Zacken eine Öffnung von etwa 7 cm aus. Die Nahtzugabe mehrmals vorsichtig einknipsen. Wende das Ganze und drücke die Nähte aus. Lege den Stern flach vor dich hin und fülle zunächst nur alle Zacken prall mit Watte.

Einbau der Spieluhr

Schlinge die gelbe Aufhängekordel um die Spieluhr und befestige sie mit Heißkleber so, dass ihre Mitte dicht neben der Austrittsöffnung der Ziehschnur liegt. Die Kordelenden in die Öffnung des Sterns schieben. Die der Öffnung gegenüberliegende Zacke kappen, und an dieser Stelle die Kordelenden herausführen. Spieluhr in die untere Hälfte einlegen, Aufhängekordel leicht anziehen, Spieluhr in Watte betten und den Stern prall damit füllen. Öffnung zunähen. Dabei die Ziehschnur in der Mitte herausführen. Einen gelben Filzkreis in der Größe einer 10-Pfennig-Münze mit kleinem Mittelloch schiebst du auf der Ziehschnur zur Naht und klebst sie dort fest. Sie verhindert übermäßigen Verschleiß.

Für die Mütze schneidest du nach Vorlage zwei Teile aus Nickistoff und nähst diese an den Seiten zusammen. Als Umschlag verwendest du einen Streifen aus dem gleichen Material in der Größe 11 x 30 cm, den du zum Schlauch nähst und ringförmig am unteren Rand der Mütze anbringst. Wollpompon ankleben. Stülpe die Mütze über die oberste Zacke des Sterns, schneide an entsprechender Stelle ein kleines Loch, ziehe die Kordelenden für die Aufhängung durch und verknote sie. Die Federn als Haare unter den Mützenrand und die Mütze auf den Kopf kleben. Die Wattekugel mit scharfem Messer mittig teilen, eine Hälfte mit gelbem Filz bekleben und als Nase einsetzen. Die Formen für das Gesicht nimmst du von der Vorlage ab und klebst sie auf. Die Augen wer-

den schwarz umrandet, die Wimpern sind eingeschnittene Filzrechtecke. Die Bäckchen sind nach einer 1-Pfennig-Münze zugeschnitten, die Mundwinkel sind mit dem Locher ausgestanzte rote Filzplättchen. Schneide den kleinen Stern zweimal nach Vorlage zu und klebe ihn von zwei Seiten ans Ende der Ziehschnur. Zum Schluss bringst du die Schleife an.

Oskar, der Glitzerfisch

(Vorlagenbogen Seite B)

Das brauchst du

- ☺ mittelgelber, orangeroter, roter, erika- und türkisfarbener, blauer und schwarzer Filz
- ☺ orangerotes Satinband, 4 mm breit
- ☺ große, weißirisierende Pailletten
- ☺ kupferfarbene Schüsselpailletten
- ☺ transparente, blaue Stiftperlen
- ☺ opake, türkisfarbene Rocailles-Perlen
- ☺ 2 Wackelaugen, 1,5 cm Ø
- ☺ 4 Spaltringe
- ☺ blaues Nähgarn
- ☺ Sticktwist in passenden Farben
- ☺ Füllwatte
- ☺ Klangspiel mit 3 Stäben
- ☺ Weißleim

So wird's gemacht

Schneide den Körper zweimal nach der Vorlage aus und nähe die beiden Teile mit 2-fädigem Sticktwist an den Kanten entlang zusammen. Nähe mit kleinen, ordentlichen Vorstichen, denn die Naht liegt außen. Lass eine Öffnung für das Einfüllen der Watte. Fülle dann den Körper und nähe auch die Öffnung sauber zu.

Den herzförmigen Kopf schneidest du viermal nach Vorlage zu und verbindest jeweils zwei Kopfteile mit Vorstichen rundum miteinander. Klebe die Kopfteile auf beiden Seiten vorne über den Körper. Die beiden Zuschnitte für die Schwanzflosse nähst du hinten herum zusammen, füllst etwas Watte ein und schiebst die Flosse über den Körper, bevor du sie auch festklebst.

Stiftperlen und Rocailles reihst du auf blauen Faden. Fädle vier Perlschnüre mit je 9 cm Länge auf und klebe sie auf beiden Seiten auf den Fischkörper, wie du es auf dem Foto siehst. Die Pailletten fügst du zusammen mit Filzkreisen und ausgestanzten Filzplättchen ein. Eine fünfte Perlschnur, 13 cm lang, legst du um die Schwanzflosse. Befestige am Bauch drei Spaltringe für die Klangstäbe. Die angeklebten zwei Bauchflossen verdecken die Ringe. Der vierte Ring ist fürs Aufhängen gedacht, durch ihn ziehst du das Satinband. Klebe das rote Herzchen als Mund auf sowie schwarze Filzscheiben und die Wackelaugen.

Rudi Raupe

Das brauchst du

- ☺ hell-, mittel-, dunkelgrüner und orangeroter Filz
- ☺ 1 roter Wollpompon, 1 cm Ø
- ☺ grüner Chenilledraht
- ☺ 1 Wattekugel, 4 cm Ø
- ☺ 2 Wattekugeln, 1,5 cm Ø
- ☺ 1 rote Holzperle, 1,5 cm Ø
- ☺ grüner Sticktwist
- ☺ Füllwatte
- ☺ Bastelfarbe, Hautton und gelb
- ☺ dünner, schwarzer und roter Filzstift
- ☺ Metallspießchen

So wird's gemacht

Schneide aus den verschiedenen Grüntönen Filz insgesamt 8 Kreise mit je 7 cm Ø, die du mittig mit einem Loch zum Auffädeln versiehst. Reihe sie mit 2-fädigem Sticktwist dicht am Rand ein und ziehe den Twist an. So entsteht eine kleine »Tasche«, die du prall mit Watte füllst, bevor du die Fadenenden ganz zuziehst und verknotest.

Bemale die Wattekugel, 4 cm Ø, hautfarben und klebe sie als Kopf auf ein 17 cm langes Stück Chenilledraht. Stich mit dem Metallspieß Löcher durch die Watte der einzelnen Glieder und fädle die Glieder in beliebiger Farbfolge auf den Chenilledraht, als letztes die rote Holzperle. Einen Filzstreifen, 4 x 15 cm, nähst du zum Ring und schnürst ihn in 3 cm Höhe fest zusammen. Dies ergibt die Mütze, die du am Kopf festklebst und mit einem Aufhänger aus Sticktwist versiehst.

Den Wollpompon setzt du als Nase ins Gesicht und zeichnest Augen, Brauen und Mund ein. Die Fühler aus Chenilledraht sind 3,5 cm lang, tragen je eine gelb bemalte Wattekugel und werden am unteren Mützenrand in den Kopf gesteckt. Der orangefarbene Schal, 3 x 20 cm, mit abgeschrägten Enden hält Rudi warm.

Rotkäppchen

(Vorlagenbogen Seite A, Abbildung Seite 35)

Das brauchst du

- hautfarbener, hellgelber, hellgrüner, pinkfarbener und roter Filz
- schwarze Flauschwolle
- 1 schwarze Holzperle, 4 mm Ø
- Füllwatte
- Weißleim

So wird's gemacht

Schneide das Kleid zweimal, Schürze mit Tasche, Gesicht, Mütze und Schleife einmal nach Vorlage zu. Klebe das Gesicht, ein Bündel Wollfäden als Haare und die Mütze auf ein Kleiderteil, danach die Schürze und die Schleife. Das Rückenteil des Kleides wird ringsherum, Einschlupf für den Finger ausgenommen, mit dem Vorderteil schmal verklebt.

Schneide die Holzperle in zwei Hälften und bringe sie zusammen mit einem kleinen Mund im Gesicht an. In den Kopf stopfst du etwas Watte. Dadurch sitzt die Puppe fester auf deinem Finger.

Großmutter

(Vorlagenbogen Seite A, Abbildung Seite 35)

Das brauchst du

- hellbeiger, hellgrauer, lilafarbener und roter Filz
- graues Synthetikhaar
- weißes Baumwollgarn
- dünner, schwarzer Filzstift
- roter Filzstift
- Füllwatte
- Weißleim
- Bürolocher
- Lochzange

So wird's gemacht

Schneide das Kleid zweimal und das Gesicht einmal nach Vorlage zu. Klebe das Gesicht mit den Haaren auf ein Kleiderteil und zeichne die Augen ein. Der Mund ist ein Stanzplättchen von der Lochzange und wird auf einem vorgezeichneten, roten Kreis im Gesicht angebracht. Binde ein weißes Garnschleifchen, das zusammen mit einem lila Stanzplättchen und einem lilafarbenen Streifen am Saum das Kleid schmücken.
Das Rückenteil des Kleides wird ringsherum, Einschlupf für den Finger ausgenommen, mit dem Vorderteil schmal verklebt.

Jäger

(Vorlagenbogen Seite A)

Das brauchst du

- ☺ hautfarbener, mittel- und dunkelgrüner, mittelbrauner Filz
- ☺ grünes Baumwollgarn
- ☺ 1 schwarze Holzperle, 4 mm Ø
- ☺ 1 orangerote Holzperle, 6 mm Ø
- ☺ Füllwatte
- ☺ Weißleim
- ☺ Bürolocher

So wird's gemacht

Schneide das Kleid zweimal, Kragen, Tasche, Gesicht, Bart und Hut einmal nach Vorlage zu. Klebe das Gesicht auf ein Kleiderteil und den Hut darüber an. Schmücke das Kleid mit Kragen, Tasche und mit dem Locher ausgestanzten Knöpfen. Füge Augen und Nase aus halbierten Holzperlen und den Bart ins Gesicht ein. Zwei Fäden Baumwollgarn bilden das Hutband. Das Rückenteil des Kleides wird ringsherum, Einschlupf für den Finger ausgenommen, mit dem Vorderteil schmal verklebt.

Wolf

(Vorlagenbogen Seite A)

Das brauchst du

- ☺ weißer, grauer, roter und schwarzer Filz
- ☺ Fellimitat
- ☺ graues Baumwollgarn
- ☺ Füllwatte
- ☺ Weißleim
- ☺ Bürolocher

So wird's gemacht

Schneide den Körper zweimal nach Vorlage aus grauem Filz. Klebe die Schnauze mit der Zunge am Kopf an, ebenso die Augen, für die du je ein weißes und ein schwarzes Stanzplättchen vom Bürolocher verwendest. Das Rückenteil des Körpers wird ringsherum, Einschlupf für den Finger ausgenommen, mit dem Vorderteil schmal verklebt. Zum Schluss bekommt der Wolf noch ein paar Fäden Baumwollgarn zwischen die Ohren und einen Streifen Fellimitat auf die Brust geklebt.

Rotkäppchens Korb

(Vorlagenbogen Seite A)

Das brauchst du

- ☺ hautfarbener, hell- und mittelbrauner, roter und dunkelgrüner Filz
- ☺ dünner, schwarzer Filzstift
- ☺ Weißleim
- ☺ Lochzange

So wird's gemacht

Schneide Korb und Kuchen je zweimal, Flasche und Herzchen je einmal nach Vorlage aus. Klebe die beiden Kuchenhälften schmal aufeinander, die Flasche an der bezeichneten Stelle dazwischen, die Unterkante bleibt offen. Schmücke den Kuchen mit Stanzplättchen von der Lochzange und zeichne die typischen Linien ein. Klebe das mit Blende und Herzchen versehene Korbteil an seiner oberen Kante an Kuchen und Flasche und mache es mit dem zweiten Korbteil von hinten ebenso. Klebe dann die seitlichen Ränder des Korbs aufeinander, sodass die untere Kante als Einschlupf offen bleibt.

Reisbäuche

(Vorlagenbogen Seite A)

Das brauchst du

- ☺ hellgelber, hell-, gelb- und mittelgrüner, ockerfarbener, hellrosé, rosé, pinkfarbener, orangeroter, roter, mittel- und rotbrauner, schwarzer Filz
- ☺ 65 cm blau-weiß kariertes Geschenkband, 5 mm breit
- ☺ 1 rosafarbene Filzschleife
- ☺ 1 lilafarbene Filzschleife
- ☺ 1 Schleife aus orangerotem Geschenkband
- ☺ 1 rotes Satinherzchen
- ☺ 2 Wackelaugen, 1,5 cm Ø
- ☺ 2 Wackelaugen, 1 cm Ø
- ☺ 1 schwarze Holzperle, 1 cm Ø
- ☺ Sticktwist in passenden Farben
- ☺ Reis
- ☺ Weißleim
- ☺ Bürolocher

So wird's gemacht

Schneide die Körper jeweils zweimal nach der Vorlage aus und nähe die beiden Teile mit 2-fädigem Sticktwist an den Kanten entlang zusammen. Nähe mit kleinen, ordentlichen Vorstichen, denn die Naht liegt außen. Lass eine Öffnung fürs Einfüllen.

Die Ohren für das Schweinchen und die Flügel für die Eule schneidest du ebenfalls zweimal nach Vorlage zu. Beim Schwein fasst du die Ohren und bei der Eule die Flügel beim Zusammennähen des Körpers mit. Dies gelingt am besten, wenn du diese Teile zuvor mit etwas Kleber an einem Körperteil an der richtigen Stelle fixierst. Fülle die Formen prall mit Reis und achte darauf, dass sich der Reis gut verteilt. Schließe die Einfüllöffnungen und stelle die Tiere wie folgt fertig:

Eule

Verwende für die Augenumrandungen ein 1-Mark-Stück und ein 5-Mark-Stück als Vorlage und schneide jeweils zwei Filzkreise danach zu. Klebe je zwei verschieden große Scheiben aufeinander und schneide sie zur Mitte hin mehmals ein. Holzperlenhälften sind die Augen.

Schweinchen

Schneide den Rüssel nach Vorlage zu und klebe ihn auf. Augen und Nasenlöcher sind jeweils zwei mit dem Locher ausgestanzte Filzplättchen. Eine Schleife aus kariertem Geschenkband und das Satinherz schmücken das Schweinchen.

Frösche

Klebe die nach Vorlage ausgeschnittenen Mäuler und kleine Stanzplättchen an den Seiten als Bäckchen an. Schmücke die hellen Brustflecken mit je einer Filzschleife und klebe sie zusammen mit den Wackelaugen auf.

Schickli, der Clown

(Vorlagenbogen Seite B)

Das brauchst du

- ☺ weißer, haut- und pinkfarbener, helllila, gelber, grüner, roter und schwarzer Filz
- ☺ 2 gelbe Wollpompons, 2 cm Ø
- ☺ 1 Wattekugel, 1,5 cm Ø
- ☺ 1 schwarze Holzperle, 1 cm Ø
- ☺ lila Flaumfedern
- ☺ rotes Nähgarn
- ☺ Füllwatte
- ☺ dünner, roter und schwarzer Filzstift
- ☺ dicker, roter Filzstift
- ☺ Weißleim
- ☺ Bürolocher

So wird's gemacht

Schneide den Körper zweimal nach Vorlage aus rotem Filz zu, ein Teil davon 3 cm länger für den Aufschlag an der unteren Kante des Vorderteils. Schlage den Überstand an der unteren Kante nach innen und nähe beide Teile an den Seiten bis zum Kopfansatz zusammen. Klebe nach dem Wenden die Kopfteile schmalkantig aufeinander und ein weiteres Kopfteil aus hautfarbenem Filz als Gesicht darüber. Vervollständige dieses mit Mund, Augenweiß und Bäckchen nach Vorlage. Die Nase ist eine halbierte Wattekugel, mit Filz überzogen. Die Pupillen sind zwei halbe Holzperlen.
Zeichne mit Filzstift eine rote Linie auf den Mund und klebe das Herzchen darüber. Zwei schwarze Linien verlaufen unter den Augen zu den Bäckchen hin. Schneide den Hut zweimal nach Vorlage und verklebe die zwei Teile so, dass er unten offen bleibt und du etwas Füllwatte einstopfen kannst. Setze dem Clown den Hut auf den Kopf und schiebe die Flaumfedern unter den Hutrand, bevor du ihn festklebst. Hutband und Herzchen, nach Vorlage zugeschnitten, sind der Schmuck.
Schneide die Handschuhe zweimal aus doppellagigem Filz und klebe sie aufeinander und an den Armen vorne und hinten fest. Befestige die gelbe Schleife, die du aus einem Filzstreifen der Größe 7 x 22 cm herstellst, am Hals. Sie ist mit ausgestanzten Filzplättchen verziert.
Die Strümpfe, ebenfalls aus doppelt gelegtem, weißem Filz zugeschnitten und an den Seiten zusammengenäht, bemalst du mit dicken, roten Streifen und befestigst sie vorne am Rocksaum. Die Schuhe schneidest du aus doppellagigem schwarzem Filz zu, nähst sie zusammen und wendest sie. Dann füllst du sie mit Watte und befestigst sie an den Strümpfen. Auf den Schuhspitzen sitzen gelbe Wollpompons.

Karola, die Eule

(Vorlagenbogen Seite B, Abbildung Seite 39)

Das brauchst du

- hellgelber, ockerfarbener, grüner, pinkfarbener, hell- und dunkellila Filz
- 2 helllila Flaumfedern
- 1 schwarze Holzperle, 1,5 cm Ø
- Nähgarn
- Weißleim
- Zackenschere

So wird's gemacht

Schneide den Körper zweimal nach Vorlage und nähe ihn an beiden Seiten bis zum Kopfansatz zusammen. Klebe nach dem Wenden die beiden Kopfteile schmal aufeinander und anschließend die helllilafarbene »Brille« an, die du zuvor aus doppeltem Filz nach Vorlage zuschneidest und zusammenklebst. Die großen, hellgelben Augenkreise (nach Vorlage) verzierst du mit kleineren, grünen; für sie dient ein 5-Mark-Stück als Vorlage. Zwei halbe, schwarze Holzperlen klebst du als Augen ein. Das Stirnviereck (nach Vorlage), der Länge nach zu einem Dreieck gefaltet, legst du über die höchste Stelle am Kopf und befestigst es. Zwei helllilafarbene Flaumfedern schiebst du schräg hinter den Schnabel, den du ebenfalls nach Vorlage zuschneidest und festklebst. Mit der Zackenschere geschnittene Dreiecke schmücken als »Federn« den Körper.

Knuddel, das Schwein

(Vorlagenbogen Seite B, Abbildung Seite 39)

Das brauchst du

- weißer, hellgrüner, hellrosé-, rosé- und pinkfarbener Filz
- 2 grüne Filzschleifen, 7 x 10 cm und 3,5 x 4,5 cm groß
- 1 Watteei, 3 x 4,5 cm
- 1 schwarze Holzperle, 1 cm Ø
- Nähgarn
- Bürolocher
- Weißleim

So wird's gemacht

Schneide den Körper zweimal nach Vorlage und nähe ihn an beiden Seiten bis zum Kopfansatz zusammen. Schneide die Ohren ebenfalls zweimal nach Vorlage zu. Klebe nach dem Wenden des Körpers die beiden Kopfteile schmalkantig aufeinander und fasse die Ohren mit. Schneide vom Watteei das spitze und das stumpfe Ende soweit ab, dass ein Stück von 3 cm Länge übrig bleibt. Dies ist der Rüssel, den du mit Filz beklebst. Die Nasenlöcher sind ausgestanzte Filzplättchen. Für die Bäckchen zu beiden Seiten vom Rüssel dient ein 2-Pfennig-Stück als Vorlage. Zwei halbe Holzperlen bilden die Augen. Die beiden Schleifen schmücken das Schwein. Die weißen Filzkreise für das Kleid schneidest du mit einem 1-Pfennig-Stück als Vorlage zu. Die grünen Punkte sind Stanzplättchen.

Knacks, der Rabe

(Vorlagenbogen Seite B, Abbildung Seite 39)

Das brauchst du

- weißer, grüner, orangeroter und schwarzer Filz
- 20 cm gelbe Kordel
- 25 cm schwarze Federboa (Marabu)
- 1 schwarze Holzperle, 1 cm Ø
- 1 roter Knopf
- Nähgarn
- Weißleim

So wird's gemacht

Schneide den Körper zweimal nach Vorlage und nähe ihn an beiden Seiten bis zum Kopfansatz zusammen. Klebe nach dem Wenden die beiden Kopfteile schmalkantig aufeinander und bring die Marabufedern an. Schneide den Schnabel zweimal nach Vorlage aus orangerotem Filz und nähe die zwei Lagen zusammen. Falte ihn zur Hälfte und klebe ihn an der Falzkante ins Gesicht ein. Bringe darüber die Augen an, für die du zwei halbe, schwarze Holzperlen auf weiße Ovale (nach Vorlage) klebst.

Einen grünen Filzstreifen der Größe 5 x 14 cm faltest und nähst du zu einem Täschchen, das du mit einem Knopf versiehst und an der gelben Anorakkordel dem Raben um den Hals hängst.

Kasimir, der Pandabär

(Vorlagenbogen Seite B, Abbildung Seite 39)

Das brauchst du

- weißer, gelber, pinkfarbener, grüner, grauer und schwarzer Filz
- 1 Watteei, 3,5 x 4,5 cm
- 1 gelber Wollpompon
- 1 schwarze Holzperle, 1 cm Ø
- dünner, schwarzer Filzstift
- Nähgarn
- Weißleim, Bürolocher

So wird's gemacht

Schneide Körper und Ohren je zweimal nach Vorlage zu. Nähe einen schwarzen Unterkörper und einen weißen Kopf zum Vorderteil zusammen, das Rückteil ist ganz schwarz. Nähe beide Teile an den Seiten bis zum Kopfansatz zusammen und wende sie. Klebe beide Kopfteile schmalkantig aufeinander und fasse die Ohren mit. Schneide vom stumpfen Teil des Watteeis ein 2 cm langes Stück weg und überziehe den Rest mit weißem Filz. Klebe einen weißen Filzkreis, 3,5 cm Ø, und die schwarze Schnauze auf, und zeichne den Mund ein. Klebe für die Augen je ein schwarzes und ein weißes Filzstück zusammen und verwende als Pupillen zwei halbe Holzperlen. Brustfleck und Tatzeninnenseiten aufkleben, Hose mit Hosenträgern und Tasche »anziehen«. Wollpompon und gelbe Knöpfe aus gestanzten Filzplättchen anbringen.

Fledermaus

(Vorlagenbogen Seite B)

Das brauchst du

- weißer, hellgrüner und schwarzer Filz
- 1 schwarzer Wollpompon, 4 cm Ø
- Wattevlies
- Weißleim
- Bürolocher

So wird's gemacht

Schneide die Fledermaus nach Vorlage zweimal aus schwarzem Filz. Aus Wattevlies schneidest du die Form noch einmal etwas kleiner aus, legst sie zwischen die beiden Filzformen und verklebst die Ränder ringsum schmal. Schneide die ovalen Augen nach Vorlage zu und klebe je ein schwarzes und ein grünes, ausgestanztes Filzplättchen darauf. Der Wollpompon, einseitig flach geschoren, wird auf den Körper geklebt.

Hexe

(Vorlagenbogen Seite B)

Das brauchst du

- haut- und pinkfarbener, lila-, brombeerfarbener, grüner, dunkelgrauer und schwarzer Filz
- schwarze Flaumfeder
- 2 Wackelaugen, 1 cm Ø
- 1 kleiner Besen
- Wattevlies
- Weißleim
- Bürolocher

So wird's gemacht

Schneide die gesamte Grundform (Kleid, Gesicht und Hut) zweimal aus grauem Filz sowie die entsprechenden Einzelteile (Schürze mit Tasche, Gesicht und Hut) einmal in der entsprechenden Farbe zu. Klebe das Gesicht auf das Kleid und den Hut darüber. Bringe die Schürze mit Tasche ebenso an und vervollständige das Gesicht mit Wackelaugen und herzförmigem Mund nach Vorlage. Der Hut bekommt ein grünes Band, die Schürzentasche ein Stanzplättchen als Knopf. Schneide aus Wattevlies noch einmal die ganze Grundform etwas kleiner aus, lege sie zwischen die beiden Filzformen und verklebe die Ränder ringsum schmal. Eine lila Filzschleife und der Besen schmücken die Hexe.

Gespenst

(Vorlagenbogen Seite B)

Das brauchst du

- ☺ weißer, orangeroter und schwarzer Filz
- ☺ 1 karierte Schleife
- ☺ dünner, schwarzer Filzstift
- ☺ Wattevlies
- ☺ Weißleim
- ☺ Bürolocher

So wird's gemacht

Schneide den Körper und die Arme jeweils zweimal aus weißem Filz. Aus Wattevlies schneidest du den Körper noch einmal etwas kleiner aus, legst ihn zwischen die beiden Filzkörper und verklebst die Ränder ringsum schmal. Klebe die beiden Armteile jeweils aufeinander und dann auf den Körper. Zeichne die Formen mit Filzstift nach. Schneide die schwarzen Augen nach Vorlage zu und klebe sie auf. Vervollständige das Gesicht mit weißen und roten Stanzplättchen aus dem Locher und zeichne den Mund auf. Die karierte Schleife schmückt den Hals.

Mauer

(Vorlagenbogen Seite B)

Das brauchst du

- ☺ hellgrauer Filz
- ☺ grauer Karton
- ☺ schwarzer Filzstift
- ☺ Weißleim

So wird's gemacht

Schneide die Mauer nach Vorlage einmal aus Karton und zweimal aus Filz. Beklebe den Karton beidseitig mit dem Filz und zeichne ein Steinmuster auf.

Kürbisse

(Vorlagenbogen Seite B, Abbildung Seite 43)

Das brauchst du

- weißer, hell-, mittel- und dunkelgrüner, gelber, orangeroter, roséfarbener und schwarzer Filz
- 1 Wattekugel, 2 cm Ø
- 2 Wackelaugen, 1 cm Ø
- Wattevlies
- schwarzer Filzstift
- Weißleim
- Bastelmesser

So wird's gemacht

Schneide die drei Kürbisse nach Vorlage je zweimal zu. Aus Wattevlies schneidest du die Formen noch einmal etwas kleiner aus, legst sie zwischen die beiden passenden Kürbisformen und verklebst die Ränder ringsum schmal. Zeichne die Rillen mit schwarzem Filzstift ein. Schneide Augen, Münder und Bäckchen nach Vorlage zu und klebe sie auf. Schau dir dazu auch das Foto noch einmal genau an. Die Stielansätze und Blätter schneidest du je zweimal nach Vorlage zu und klebst je einen an Vorder- und Rückenteil gegeneinander.
Für die Nase des grünen Kürbis schneidest du eine Hälfte der Wattekugel mit dem Bastelmesser weg und beklebst die andere Hälfte mit grünem Filz. Nach dem Trocknen klebst du diese Halbkugel und die Wackelaugen auf.

Montage des Mobiles

Das brauchst du

- Bastbündel
- dünner Perlonfaden
- Weißleim
- Nähnadel

So wird's gemacht

Klebe Fledermaus und Gespenst an der Mauer fest. Orangefarbener und gelber Kürbis werden aneinandergenäht. Nähe an die Figuren jeweils ein Stück Perlonfaden und befestige die Enden an der Mauer. Verteile kleine Bastbündel an beliebiger Stelle. Befestige den obersten Aufhängefaden an zwei Stellen der Mauer, sodass das Mobile gerade hängt.

Adventskalender »Teddy mit Korb« (Vorlagenbogen Seite B)

Das brauchst du

- hellbeiger, gelber, orangeroter, pinkfarbener, violetter, brombeerfarbener, hellgrüner, mittelgrüner, roter und mittelbrauner Filz
- weißes Fellimitat
- 1 Schleife aus Weihnachtsstoff
- 1 schwarze Holzperle, 1 cm Ø
- 1 messingfarbenes Rollenglöckchen
- Sticktwist in passenden Farben
- rotes und braunes Nähgarn
- spitze Stopfnadel
- ausgefütterter Korb, 20 cm Ø
- flacher Holzstab, 12 x 1 cm
- Füllwatte
- schwarzer Filzstift
- Weißleim
- Heißklebepistole

So wird's gemacht

Schneide die Teile für Kopf, Ohren und Arme je zweimal nach Vorlage aus mittelbraunem Filz. Fasse beim Zusammennähen der vier Kopfteile die Ohren mit, die du zuvor mit dem helleren Ohrinneren beklebst. Nähe die Arme zusammen und wende alle Teile. Klebe die hellen Tatzen auf. Stopfe den Kopf mit Füllwatte aus. Für die Füße schneidest du vier gleiche Ovale aus mittelbraunem Filz, zwei davon mit Schlitz in der Mitte. Nach dem Zusammennähen und Wenden (jeweils ein Teil mit Schlitz, ein Teil ohne) drückst du die Nähte gut aus. Nähe die Schlitze mit überwendlichen Stichen zu und klebe die hellbeigen Sohlen auf.
Bringe zwei halbe Holzperlen als Augen am ausgestopften Kopf an. Schnauze mit Nase fertigst du nach Vorlage und klebst sie ins Gesicht. Mit Filzstift zeichnest du Brauen und Maul auf.
Die Mütze schneidest du zweimal aus rotem Filz, nähst sie zusammen und befestigst sie am Kopf. Sie bekommt einen 1,5 cm breiten Streifen Fellimitat und ein Glöckchen. Vom Holzstab bestreichst du den Teil, der in den Kopf geschoben wird, d.h. etwa 6 cm, mit Weißleim. Den Rest des Stabs klebst du mit Heißkleber außen senkrecht an den Korb. Füll nun die Arme mit Watte, ausgenommen die letzten 4 cm. Kleb die offenen Enden 1 cm breit übereinander, sodass du einen Schlauch bekommst. Für die Ärmel schneidest du zwei Rechtecke der Größe 13 x 17 cm aus rotem Filz und nähst sie ebenfalls zu Schläuchen. Damit beziehst du die Arme und klebst sie am Holzstab fest. Schmücke die Ärmel mit Fellimitat. Ein Kragen aus rotem Filz

nach Vorlage, verziert mit einem Streifen Fellimitat der Größe 26 x 3 cm, und die Schleife aus Weihnachtsstoff verdecken unschöne Klebenähte. Mit Heißkleber die Füße am Korb anbringen.
Für die 24 Säckchen schneidest du Rechtecke der Größe 9 x 13 cm aus den verschiedenfarbigen Filzen zu, faltest sie der Breite nach und nähst sie an einer Längs- und einer Breitseite zusammen. Dann wendest du die Säckchen und nähst mit farblich passendem Sticktwist zwei Reihen Vorstiche, 1,5 cm vom oberen Rand entfernt. Die Fadenenden liegen an gegenüberliegenden Seiten. Fadenenden verknoten.

Impressum

Die im Buch veröffentlichten Ratschläge wurden von Verfasser und Verlag sorgfältig erarbeitet und geprüft. Eine Garantie kann dennoch nicht übernommen werden. Ebenso ist eine Haftung der Verfasser bzw. des Verlages und seiner Beauftragten für Personen-, Sach- und Vermögensschäden ausgeschlossen.

Bei der Anwendung im Unterricht und in Kursen ist auf dieses Buch hinzuweisen.

Fotografie: Christian Kargl, München
Lektorat: Margit Bogner
Umschlagkonzeption:
Kontrapunkt, Kopenhagen
Layout und Satz: KL-Grafik, München
Herstellung und Umschlaglayout:
Charmaine Müller

Augustus Verlag München 2000

Reproduktion: Mayr Reprotechnik, Donauwörth
Druck und Bindung: Appl, Wemding

Gedruckt auf 115 g umweltfreundlich elementar chlorfrei gebleichtes Papier.

ISBN 3-8043-0785-X

Printed in Germany

Die Deutsche Bibliothek – CIP-Einheitsaufnahme

Ein Titeldatensatz für diese Publikation ist bei Der Deutschen Bibliothek erhältlich.

Alice und Rolf Schurr

Basteln mit Filz